LOS FÓSILES NOS HABLAN DEL PASADO

ALIKI

Editorial Juventud

Para Jason
descubridor del fósil que inspiró este libro

Mi gratitud a Katherine Tegen
y a William S. Simpson del Museo Field,
por su ayuda

Título de la edición original: FOSSILS TELL OF LONG AGO
© Aliki Brandenberg, 1972, 1990
Publicado por acuerdo con HarperCollins Publishers, Inc..
© de la traducción española:
EDITORIAL JUVENTUD, S. A.
Provença, 101 - 08029 Barcelona
info@editorialjuventud.es
www.editorialjuventud.es
Traducción: Herminia Dauer
Quinta edición, 2007
ISBN: 978-84-261-2759-4
Depósito legal: B.50.085-2007
Núm. de edición de E. J.: 11.045
Impreso en España - Printed in Spain
Ediprint, c/.Llobregat, 36 - Ripollet (Barcelona)

LOS FÓSILES NOS HABLAN DEL PASADO

4

En tiempos muy remotos, un pez enorme nadaba por los mares
cuando le salió al encuentro un pez menor que él.
El pez grande estaba hambriento y se tragó entero al pequeño.
El pez grande murió y, poco a poco, cayó al fondo del mar .

Esto sucedía hace noventa millones de años.

¿Cómo lo sabemos?

Pues lo sabemos porque el pez se convirtió en piedra.

El pez se transformó en fósil.

Una planta o un animal convertido en piedra se llama fósil.

Los científicos pueden decirnos
lo antiguas que son las piedras.
Podrían decirnos, asimismo,
la edad del pez fosilizado.

7

¿Cómo se convirtió el pez en fósil?
La mayoría de animales y plantas no se convierten
en fósiles al morir.
Algunos seres
se descomponen.

Otros se secan y arrugan,
y el viento se los lleva.
No queda de ellos ni rastro.
Esto podría haberle sucedido al enorme pez,
y nunca hubiésemos sabido que existió.
Pero el pez se transformó en fósil.
Verás cómo ocurrió.

9

Cuando el pez grande murió, se hundió en el fondo del mar.

Lentamente, se descompusieron las partes blandas de su cuerpo.

Quedaron sólo las duras espinas.

También se conservaron las espinas del pez que se había comido.

El esqueleto del pez quedó enterrado y protegido por el lodo.

Transcurrieron miles de años.

Más capas de lodo cubrieron los restos del pez.

Toneladas de lodo se apilaron encima.

Al cabo de largo tiempo, la superficie de la tierra cambió.

El mar donde el pez se hallaba sepultado, se secó.

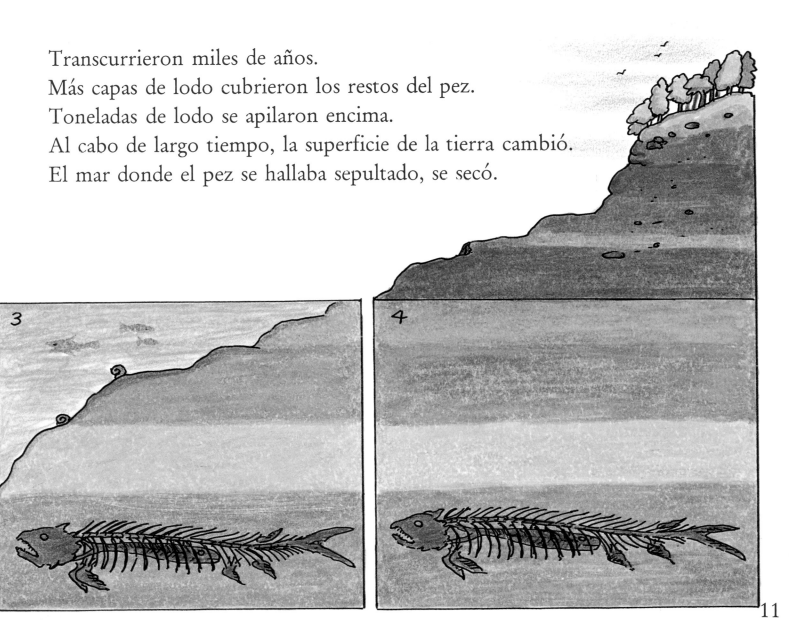

El peso de las capas de lodo ejercía una gran presión.
Poco a poco, el lodo se transformó en piedra.
Cuando esto sucedió, las aguas subterráneas se filtraron
a través de las cambiantes capas de lodo.
Los minerales se disolvieron en el agua.
El agua penetró en todos los diminutos agujeros
de las espinas del pez.
Los minerales del agua quedaron en las espinas del pez.
Con los años, las espinas se convirtieron en piedra.
El pez era un fósil.

Algunos fósiles, como el pez, son realmente partes de plantas
o animales transformados en piedra.
En ocasiones, un fósil es sólo la huella de una planta o un animal.

Hace millones de años, una hoja se desprendió de un helecho.
Cayó sobre el pantanoso suelo de la selva, llamado turba.
La hoja se pudrió.
Pero dejó la marca de su forma en la turba.
La turba que contenía la huella, se endureció.
Se convirtió en una roca llamada carbón.
También el carbón es un fósil.

La turba se compone de una masa de hojas podridas.

Nosotros utilizamos turba en el jardín, para hacer crecer las plantas.

NEUROPTERIS

TURBA

15

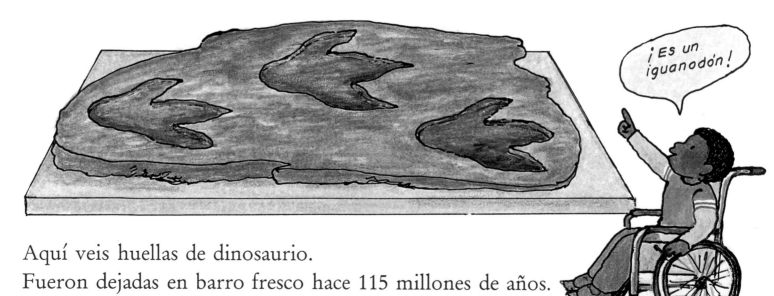

Aquí veis huellas de dinosaurio.
Fueron dejadas en barro fresco hace 115 millones de años.
La arena cubrió estas huellas de dinosaurio.

La arena se endureció hasta formar una roca llamada arenisca.
Millones de años después, los buscadores de fósiles
efectuaron excavaciones y encontraron huellas fósiles:
las pisadas exactas de las patas del dinosaurio.

No todos los fósiles son hallados en la roca.
Algunos aparecen entre los hielos del polo ártico.
Este antiguo mamut era una especie de elefante.
Murió helado hace miles de años.
Aún llevaba en la boca la última hierba que había comido.

19

Millones de años atrás, una mosca quedó atrapada
en la pegajosa savia de un árbol.
La savia se endureció hasta convertirse en un fósil
llamado ámbar. El ámbar parece cristal amarillo.
La mosca se conservó perfectamente en el ámbar.

También otros insectos se han conservado en el ámbar.

Hemos aprendido muchas cosas sobre el pez,
el helecho, la mosca y las huellas del dinosaurio.
Los fósiles nos hablan del pasado.

Los fósiles nos dicen que donde hubo selvas ahora hay desiertos.

Los fósiles nos dicen que donde hubo mares ahora hay montañas.

Muchas regiones que hoy son frías, fueron cálidas en otro tiempo. En sitios muy fríos encontramos fósiles de plantas tropicales.

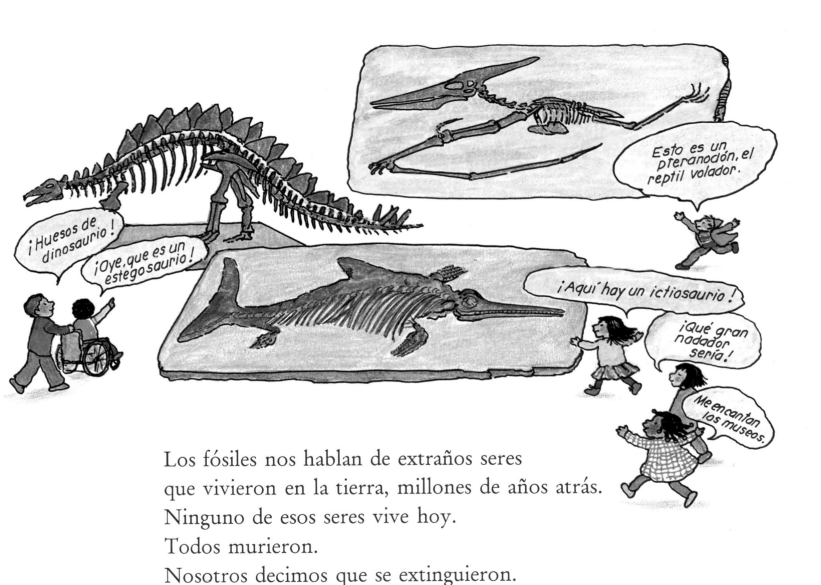

Los fósiles nos hablan de extraños seres
que vivieron en la tierra, millones de años atrás.
Ninguno de esos seres vive hoy.
Todos murieron.
Nosotros decimos que se extinguieron.

Los científicos encuentran y desentierran algunos fósiles.

Hay fósiles descubiertos por casualidad.
También tú puedes encontrar un fósil, si te fijas bien.
Cuando veas una piedra, mírala detenidamente.
Puede ser un fósil de algo que vivió en tiempos remotos.

¿Te gustaría hacer un fósil?
No un fósil de un millón de años,
sino uno que sólo tenga un minuto.
Deja la marca de tu mano en una base de barro.

Primero tomas un buen puñado de barro.

Después lo aplanas.

Aprieta luego la mano contra el barro.

Levanta la mano.

La marca indica el aspecto de tu mano, del mismo modo
que la huella de un dinosaurio nos muestra cómo fue su pata.

Supón que, una vez seca, entierras la huella de tu mano.
Supón que, dentro de un millón de años, alguien la descubre.
Tu huella estará tan dura como la piedra.
Será un fósil de tu mano.
La huella explicará algo sobre ti a quien la encuentre.
Asimismo, explicará algo sobre la vida en la tierra
un millón de años atrás.

31

Cada vez que alguien encuentra un fósil,
aprendemos más sobre la vida de antaño en la tierra.
Quizá tú encuentres algún día un fósil
que tenga millones y millones de años.
Y descubras algo que nadie sabía.

32